민들레 필 무렵

김필선 미공개 가사집

KB194744

머리
리
말

 안녕하세요? 무명 가수 김필선입니다. 이렇게 첫머리를 써놓고 며칠을 두었네요. 남에게 인사를 건네기 위한 글을 쓴다는 것이 이렇게 어렵고도 자유로운 일인지 몰랐어요. 긴장이 됩니다. 아직 제게도 순수한 마음이라는 게 남았는지 첫인사를 참 멋지게 하고 싶어서….

 저에게 사랑은 늘 상상 속의 감정입니다. 제대로 경험해 본 적도 없거니와 그러고 싶지도 않은 종류입니다. 저는 안정적이지 않은 걸 극도로 싫어하거든요. 그런데 사랑하는 사람들은 입버릇처럼 우리 오래 가자, 평생 함께하자, 그러는 게 덜컥 겁부터 집어먹게 만들어요. 영원이라는 건 현재에 있는 게 아니라 고작 방부 처리한 과거일 뿐이니까요. 모든 인간이 평생 사람으로도 채워지지 않는 외로움을 느끼며 살아가는 건 어쩌면 타인에게서 얻을 수 있는 영원함의 부재를 무의식중에 느끼고 있어서인지도 모르겠습니다.

그래서 제가 쓰는 글들은 약간의 데모입니다. 비록 세상에 아무런 저항도 줄 수 없겠지만…. 확실하지도 않은 미래를 약속하며 내 반쪽을 떼어주지 않고도 이렇게 다정할 수 있다는 것을, 어떤 확신을 줄 수 있다는 것을, 어린아이의 귀 뒤로 머리칼을 보드랍게 넘겨주듯 누군가를 어여삐 여길 수 있다는 것을 보여주고 싶어서요. 야심한 시각 누군가 숙명적인 외로움에 맞설 때 한 꺼풀 홑이불이라도 될 수 있다면 저의 조그만 데모는 나름 성공한 셈이겠지요.

그래서 너는 사랑할 거야, 말 거야? 글을 쓰고 노래를 하는 내내 속절없이 흔들리며 저는 이제 제 대답을 잘 모르겠습니다. 그동안 제게 사랑을 믿고 싶어지게 하는 사람들을 너무 많이 만났거든요. 광주에서 부산까지, 거제에서 서울까지 다양한 곳에서 제 노래를 듣기 위해 오셨다는 분들을 만날 때마다 저는 어렴풋이 사람들이 사랑을 믿게 되는 이유를 깨달았습니다. 내가 영원한 미래를 원해서가 아니라, 내가 그런 미래를 주고 싶어서. 줄 자신이 있어서. 이별은 사랑했던 상대방과 하는 것이 아니라 변해버린 나 자신에게 하는 고함이겠구나.

이 글로 저를 처음 만나시는 여러분들께는 무척 서운한 말일 수 있겠지만, 이 책의 첫 장부터 끝까지 모두 오직 저를 사랑해 준 분들을 위한 헌사입니다. 이 가사집을 읽으시는 모든 여러분. 앞으로도 제게 더 많이 사랑할 수 있는 방법을 알려주세요. 세상에서 홀로 초라한 제가 줄 수 있는 단 하나의 꽃다발을요.

　제가 글을 쓰는 지금은 엄청난 폭우가 쏟아지고 있는데요. 저는 노래를 사랑하고 글도 곧잘 쓸 수 있으니, 세상에 할 수 있는 일이 꽤 많지 않을까요? 별도 빠르게 박동하는 이런 태풍 전야 속에서, 아주 조금의 햇빛으로도.

김필선 드림.

2024. 10. 18

목
차

목
차

홀씨가 된 가사들 〈필선집〉

절대 잔잔한 사랑은 못해

아마 널 삼킬 거야 이 사랑 끝에

감당할 만큼만 사랑하는 사람이 꿈을 꾸는 사람이 세상에 어디 있어

넌 아니야

넌 모든 걸 줄 거야

내가 밤을 보고 싶을 때 넌 별을 따다 줄 거야

그리고 갈 거야... 너도

난 네가 남기고 간 별들 속에

파묻혀서 울고 후회할 거야

내 뜨거운 사랑을 타이를 거야

원하시는 사랑 뭐예요?

흙냄새 나는 오 월

푸른 먼지가 생그럽게 부유하는 그런 사랑 말예요?

분 찍은 아기 몸처럼

사각거리는 설탕 가루 사랑 말예요?

꽃이랑 총이랑 겨누고 해는 절절 끓는

팔십 년 필름 같은 사랑 말예요?

어떡해요 그럼

바람만 불어도 당신이 좋아요

말하건대

이건 내가 줄 수 있는 최고의 사랑이에요

흐릿한 삼 월

봄으로 가기 위해 짐 싸는 초록 물들

머리 위로 우주처럼 쏟아지게 하는 사랑

청춘이란 건 폭죽 같아서

터지고 남은 건 어디로 사라지는지

아무도 관심 없다

녹은 빙하 위에 선 북극곰처럼

젊음이 다 사라지고 나면 그때

앙상한 뼈 사이사이 낀 청춘

못다 이룬 꿈 자상한 첫사랑

죽어서도 돌아갈 수 없는 젊은 나날이 너덜너덜

인제 와서 뭘 어쩔까

이 열망 같은 내부피폭

Episode.

다시 읽어보니까 정말 웃기고 개인적으로는 귀엽기까지 한 느낌이에요. 글의 내용이 아니라 이걸 썼던 제가요. 2020년이면 제 나이가 스물두 살인데, 청춘을 느끼면 뭐 얼마나 느꼈다고 앙상한 뼈 사이에 낄 젊음의 너덜거림을 골몰했는지. 2023년 봄에 '먼데이 프로젝트'라는 공연을 했었는데 그때 이 글을 다시 써서 공연 엽서로 나눠드렸던 기억이 나요. '못다 이룬 꿈'을 '반짝이는 꿈'으로 바꿔 쓰던 날 묘하게 떠오르던 제 마음을 잊을 수가 없어요.

청춘이란 건 폭죽 같아서

터지고 남은 건 어디로 사라지는지

아무도 관심 없지만

반짝이는 꿈

자상한 첫사랑

몇 번을 알려줘도 서툴기만 한

이상한 나를 잘 대해줘서 고마웠어.

아름다운 나의 공중...

(2023.06.08.)

너의 옛 시간을 대신해 울어줄게

강물을 따라 흐르는 7월 별의 아름다움과

기러기들이 떼 지어 나는 푸른 갯벌을 보여줄게

원한다면 너의 생일을 축하하는 별을 따줄게

나무 냄새가 나는 여름의 초입

우리는 다 컸지만 놀이터에서 노는 법을 알려줄게

손바닥에 남아 반짝이는 모래알을 보여줄게

이게 앞으로 우리에게 남은 시간이라는 것처럼

어느날 밤 느닷없이 전화해

당장 이 지구를 낮으로 만들라고 한대도

볕이 좋은 날 너는

세상이 너무 눈부셔

이제 그만 죽겠다고 말해도

같은 별을 보고도 나는 기쁨,

너는 천 년 동안 입을 막힌 이무기처럼 슬퍼도...

나는 너를 사랑하거든

이다지도...

너의 삶에만 빛이 비켜가기라도 하는 걸까

너의 불행은 어떤 종교인의 찌꺼기일까

너의 손에는 왜 지문이 없는 걸까

한여름에도 서릿발 같은 낯짝인 걸까

나쁜 사람들에게도 친절한 걸까

왜 너는 잠에 들기 전 울지 않는 걸까...

그래서 너에게 사랑은 죄인 걸까

보통 사람들의 평범한 기적에 대한

염증인 걸까

내가 왜 너의 좋은 모습만 알도록 두지 않았니?

내가 왜 너의 그늘을 바라보면서 쉬게 두었니?

넌 두려워 하지 너의 모든 비밀들

마치 모래알보다 작은 너의 영혼을

하지만 걱정마, 나는 사랑해

네가 사랑하지 않는 너의 모습들까지

가엾은 비밀들까지

안을게

허락해줄래? 부탁해

추울 때 불러줘

너의 삶이 한여름처럼 썩어도

너는 목화솜처럼 포근한 삶을 가졌어도

슬플 때 불러줘

난 아직도 네 앞에선 어떤 표정을 지어야 할지

모르지만

내가 왜 너의 좋은 모습만 알도록 두지 않았니?

넌 들키고 싶지 너의 모든 비밀들?

마치 유리알보다 투명한 너의 영혼을

발견해줄게 걱정하지 마

먼지가 쌓인 보석함처럼

빛을 꿈꾸는 너의 상처를...

나는 사랑해

네가 사랑하지 않는 너의 모습들까지

가엾은 비밀들까지

안을게

허락해줄래? 부탁해

그대여 비가 내리고 있어요

물방울은 통통해 우리들 마음처럼

이상한 어른이어도 괜찮아요

정장에 구두를 신고 춤을 춰요 즐겁게

아무도 혼내지 않아요 우린 어른이잖아요

아, 왜 이렇게 즐겁죠

아, 사람들이 말리는 것들

가슴에 품은 사표와 이상한 옷을 입고 하는 출근

난 이 말도 안 되는 도시를 사랑해

I love you 네온사인

I love you 담배 연기

한 번쯤은 자유롭게 살아봐요

그대도 나처럼...

그대여 비가 내리고 있어요

나뭇잎은 떨어져 우리들 슬픔처럼

좀 나쁜 어른이어도 괜찮아요

술잔과 담배를 들고 춤을 춰요 맨발로

아무도 혼내지 않아요 우린 어른이잖아요

아, 왜 이렇게 즐겁죠

아, 사람들이 말리는 것들

가슴에 품은 사표와 이상한 옷을 입고 하는 출근

난 이 말도 안 되는 도시를 사랑해

I love you 네온사인

I love you 담배 연기

이렇게 살다 보면 언젠가

운명적인 꿈을 만나

더 날아갈 수 있지 않을까?

그러니까 오늘은 그냥 춤을 춰봐요

그대도 저처럼...

나쁜 사람이라고 사랑을 모를까

착한 사람들보다 더 잘 할 거야

나쁜 사람이라고 다정을 모를까

착한 사람들보다 뜨거울 거야

그의 미숙한 착한 짓

나를 안아주거나

내 뺨을 만지거나

내게 사랑한다 말하기

그런 게 그렇게 나쁜 짓은 아닌 것 같아

그렇다면 그는 착한 사람인 걸까?

how bad you are?

대답하지 말아요

당황한 얼굴이 보고 싶었죠 그저

how bad i am?

난 얼마나 나빠보이죠

나쁜 사람을 사랑하니까 나쁜가

그래서 조금 아픈가...

딱히 문제는 아니겠죠?

2020. 09. 03

비둘기가 자살을 하고 싶어 한다면 그 이유는 무엇일까?

비둘기는 절뚝거리며 걸었다

한때는 평화의 상징이었던 자신의 깃털을 향해.

아름다운 강산, 날아가는 새여

너의 눈부심은 정처없음이구나

나도 외로워하지 않으리

깃털로 엮은 자유를 가지리

영광이라고 확신해

시원한 바람 불어와

날아갈 수밖에 없는 운명이

나의 날갯짓을 염원하는 것처럼

날아올라 나의 삶을 싣고서

흩날리는 달무리에 깃발을 꽂고서

두렵지 않아

나는 반짝이는 것들을 경계하기로 했다.

어린아이의 두 눈 속에 숨인 반짝반짝한 총기,

힘들 때 타인에게서 받은 반짝반짝한 호의,

물빛을 연상시키며 아련해지는 빛나는 사랑의 기억들.

이것들의 공통점- 아름답다, 갖고 싶다, 중독된다,

나의 혼자였던 옛 시간을 대신해 울어주지 않는다.

하지만 사랑에 대한 동경은 있었다.

싫은 구석을 입맞춤으로 지혈하며 끈질기게 붙들어야만 하는

운명의 빨간 끈을, 그도 갖고 싶었던 적은 있었다.

민폐스럽고 이기적이고 평범한 이들에겐 너무 노골적인 얇음.

미뢰가 꼬물대는 빨강.

그는 사랑이 마시멜로인 줄 알았다.

입안이 몽땅 썩기를 바라는 그의 그런 반사회적 섹슈얼리티.

심장보다 빨리 뛰는 사랑 때문에 사람들은 자꾸만 증거를 남기려고 애쓴다. 네 번째 손가락이 심장과 연결되어 있다는 믿음. 언약식이 가져다줄 맑은 영원, 열쇠고리를 파묻으며 불투명한 미래를 위해 당장 세계를 아프게 하는 사람들과 갓 태어난 눈사람에게 불어넣는 손시린 밀어. 사랑은 정말 필수불가결한 것인가? 사랑의 부재와 존재 중 어느 것이 나의 인생을 반짝거리게 할 줄 몰라 나는 붙박이별만을 굳건하게 믿었다. 어느 날에는 비가 오고 어느 날에는 밤이 찾아오며 내게 모습을 감추는 날도 있겠지만 적어도 7억 광년의 존재를 갖고 있을 나의 유일.

Episode.

예전에는 산이나 바다, 시골 풍경을 좋아하는 것이 어른들의 고지
식하고 촌스러운 점이라고 생각했습니다. 그런 풍경들이 제게 주
는 감정도 없었고요. 하지만 조금 자라니 알 것 같아요. 그건 전혀
촌스럽지도 고지식하지도 않은 그저 어른들이 깨닫는 세상의 이치
였다는 걸요. 반지를 약지에 끼우고 자물쇠에 이름을 적어 채우고
특별한 날 사진을 찍고... 알 수 없는 타인을 쥐고 있기 위해 발버
둥 치던 젊은 날이 모두 떠난 뒤, 세계의 수레바퀴가 어른에게 줄
수 있는 가장 큰 위로는 깨달음이라고 생각합니다. 내가 정성을 다
한 만큼 열매를 돌려주는 다정한 흙과 풀을, 사계절 내내 변하지
않고 영원을 흉내 내는 드넓은 바다를 볼 수 있는 눈 말이에요. 저
는 그런 자연을 경외와 애정으로 돌보는 어른들의 마음을 어렴풋
이 알 것 같습니다. 저희 할머니도 집에서 화분을 엄청나게 키우
시는데 하루라도 안 닦아주면 벌레들이 잎을 다 뜯는다고 투정하
시면서도 표정만큼은 맑거든요? 딱 그만큼의 경험으로 쓴 글입니
다. 거창하게 썼지만 '커플링 맞추고 남산 가서 자물쇠 걸고 연애
나 할 바에는 화분 키우겠다' 정도의 마음으로...

울 거 없어 어떤 슬픔도 잊혀지거든

자유로운 나의 모습을 동경할 필요 없어

울 거 없어 어떤 슬픔도 무뎌지거든

폭죽이 터지는 무정한 서울

나도 오늘은 혼자거든

외계인 폭주족 사기꾼 청소부

절대적 신분은 필요 없는 댄스 홀

난 밤이 올 때만 선글라스를 껴

반짝이는 것들만 내 눈에 딱 걸려

하지만 이름은 알려줘야지

해가 뜨면

우리 처음 본 척하려면

태어나서 처음 보는 은하수다. 인간이 죽으려 하니 안타깝게 여긴 신께서 자비를 베풀어 흩날리는 별의 곡예일까? 아니면 사실은 내가 이미 죽어 내가 가장 원하는 모습으로 찾아온 저승사자일까, 아니면 나의 자살은 실패인가... 속눈썹에 뒤엉킨 눈물이 천장의 형광등을 마구 헤집어 내게 보여주는 위로의 환각일까. 어떤 슬픔은 때로는 너무도 다정해 삶을 포기하고 싶게 만들기도 한다.

도시로 건너온지 30일째. 낙타는 시름시름 앓기 시작했다. 옛것에 대한 그리움보다도 처음으로 무리와 떨어져 지내는 무섬증이 그의 등 속에서 뜨끈하게 곪았으리라. 자꾸만 고꾸라지는 날벌레들과 달빛 철도를 거스르는 상인들. 찌는 여름. 수억 개의 모래 알갱이들과 함께 단 한번도 혼자였던 적 없는 기이한 시간들이. 나는 낙타의 등이 본래 굽어져 있다는 것을 알면서도, 억지로 무거운 세월을 느끼려 하며 그를 불쌍하게 여겨본다. 이전의 일들은 다 잊고 이곳에서 새로이, 살아가면 안 되는 것일까? 쏟아지는 맑은 물과 뙤약볕 아래를 횡단할 일 없는 나의 집에서. 비록 이것이 여름 땅의 열렬한 색채만큼은 아닐지라도... 낙타는 말이 없다. 외로움. 고요. 슬픔. 무지. 사막의 여름과는 정반대의 것들이 반짝이는 물 위로 떠오른다.

Episode.

2021년도는 제가 저의 글쓰기에 대한 고민을 많이 했던 시기입니다. 음악적 재능이 부족하다는 걸 깨닫고 차라리 조금 더 자신이 있는 글을 업으로 삼아보는 건 어떨까 하면서 각종 상상력을 총동원했던 시기요. 21년 챕터를 읽다 보면 느끼시겠지만, 가사보다는 소설에 가까운 글들이 많은데, 그중에서도 가장 아끼는 글입니다. 귀엽고 예쁘다는 이유만으로 집에 덥석 동물을 데려오는 사람들이 많잖아요. 그럼 낙타 같은 커다란 유제류 동물들에게도 그럴 수 있을까? 사람만 한 덩치에 그런 까맣고 깊은 눈을 마주한다면, 저는 내가 널 아름답다는 이유만으로 이 좁고 작은 집에 가둔 것을 설명하고 싶어질 것 같아요. 낙타에게 저의 선택을 이해받고 싶어질 것 같아요. 그런 일은 절대로 일어나지 않는다는 것을 알면서도.

밤하늘을 올려다보는 까닭은 쏟아지는 수억 개의 별들과 나눌 긴밀한 밀어 때문입니다. 슬픔은 어디에서부터 오는 것입니까? 손짓, 발짓, 가장 깨끗한 조약돌을 주워 팔이 빠지도록 높이 던지면서 나는 간절히 답을 원하는 궁금증이 있습니다. 혼자 하는 사랑의 헤어짐은 어떤 방식으로 오는 것입니까? 원래 나쁜 것들은 이리 아름다운 것입니까?

H. 너는 늘 고통스러워하지만 사람들은 너의 가난이나 슬픔에 관심 없어. 예쁜 얼굴에 너의 불우함이 남긴 독특한 풍미 정도를 좋아하는 게 아닐까 하는 생각이 들어. 풍미라는 것은 누구나 갖고 있어. 예를 들어 뱀파이어, 역시 뱀파이어를 매력적으로 만드는 것은 그런 영원을 사는 우울함 때문이겠지. 독특하고, 몽롱한 풍미를 풍기는 정신 질환이. '수천 년 전' 같은 성비 좋은 문장 아래 파묻힌 모래 폭풍 속 진주를 찾아내는 자만이 그를 사랑할 수 있다고. H. 너도 마찬가지야. 너는 만화경 같은 찬란함을 품고 있지? 그걸 몰라주는 사람들 속에서 늘 괴롭지? 그렇다면 나에게도 기회를 줘. 네가 사랑받는 걸 좋아하는 것 같을 때, 나도 좋아. 언제까지 상처를 핑계로 외톨이처럼 지낼 거니? 우리도 아름답게 살아야지.

나도 찾고 싶어. 네가 매일 그리워하는 너의 돌아갈 곳에 대해서. 사실은 그런 것은 다 없다고 해도 괜찮아. 열심히 노력하면 네가 집으로 돌아가는 꿈을 꿀 때 내 품을 떠올릴 수 있게 될지도 모르잖아. 아무튼 답장을 기다릴게.

검정들은 언제나 뒤에 있다. 그들이 앞서는 시간은 오로지 밤뿐이
다. 인공적인 불빛이 없으면 한 치 앞도 분간할 수 없는 지독한 어둠
은, 낮과 밤의 달라진 아래위를 각인시키는 일종의 데모였다. 그런
밤하늘의 찢어진 틈으로 무덤처럼 뜬 빛들을 우리는 별들이자 희망
이라고 한다.

빛의 과거라는 책 알아? 나도 읽어본 적은 없는데 제목이 너무 좋아서 늘 기억하고 있는 책이야. 빛의 과거라니... 빛은 언제나 우리보다 빠른, 언제나 앞서있는. 그런 존재라고 늘 생각했었거든. 어쩌면 고향을 떠나는 건 빛의 과거를 쫓아가는 여정이 아닐까 싶어. 사실 빛이 쏘아진 것은 우리 인생 뒤쪽의, 고향에서인데 우리는 빛의 과거를 미래인 양 쫓아가고 있다는 거지. 너무 장황한 이야기인가?

사랑해 도와줘

이건 불공정 거래야

나는 널 너는 날…

바람을 타고 커튼을 넘어

밤마다 찾아오는 너의 뒷모습

이제는 그만 사랑해도 돼?

저무는 노을의 마음으로

단 몇 분의 사랑을 위해서

이런 노래를 하는 슬픔이라고 해서

이런 마음을 을이라 하는 거야

사랑해, 도와줘

거룩한 여름밤

너는 내 사랑을 절대 모르지 않을 거야

주의! 외계인을 보면 미워하지 말 것.

예쁜 말을 해줄 것! 궁금증은 돌려줄 것.

우주선을 무서워하지 말 것!

추진력을 얻기 위해 은하수로 돌돌 감았음

인간에게 피해 없음.

사랑을 맹세할 때 별도 달도 따준다고 하지 말 것

우주 파괴적 야만인으로 오해함.

고향별의 언어로 사랑해가 뭔지 묻지 말 것

슬퍼함.

'별들을 끌고 온 게 너였구나. 대기 먼지와 빛 공해를 헤치고 찾아온

나의 혁명가'라고 말하면서 안아줄 것

지구의 나쁜 면도 보여줄 것

그 모든 면을 끌어안고 우리의 곁에 남을지는

오로지 외계인의 의지에 맡길 것.

따라서, 사랑의 예쁨은 마구 보여주는 것 허용함.

가끔은 조금만 더 살아보려고 숨을 참기도 해

아껴 쓰는 심장 박동은 우리에게 내일 같은 거야

내일이라는 말은 우리에게 기도 같은 거야

너무 아쉽잖아 곧 겨울이 온다

널 사랑하고 싶은...

외톨이 혁명 날벌레는 울지 않는다

외톨이 혁명 여름의 빛을 따라 끝없이 날아가

외로워도

.

햇볕조차 들지 않는

깊은 바다의 골짜기

헤엄치는 인어들

멋진 물빛의 전설이죠

모두가 잊어버려도

나 홀로 여기서 기억하죠

나의 어린 날 순수한 날이

내게 보여준 건 아닐까?

라라라라... 인어의 노래가 들려오죠

그 순간 헤엄을 꿈꿨죠

등푸른 자유

바다를 닮은 말을 찾아

그런 말이 있으면

찾아서 가지려고

2021. 09. 28

고향과 그리움이 서로를 인식한 최초의 순간.

나는 이제 수취인 불명이라는

말에 담긴 낭만을 믿을 수 있다.

날아가는 저 새야 너의 눈부신 빛은

저 아름다운 밤하늘

멋진 궁전을 찾아서 날으는

자유로움 때문이구나

정처 없이 날으는 너의 깃털 하나라도

나의 손에 쥔다면

내게도 기적을 날 수 있는 힘이 생길 것 같아

빛이란 무엇일까?

가로등은 따스한

나를 바라보는 눈빛은 새파란

별빛은 늘 닿지 않는

이유가 궁금했었네..

너그러운 사랑을 주세요

화려한 그대가 구름 같은 사랑을 해서

너무도 신기해 물끄럼 보다가

빠져버렸지 뭡니까?

뛰어들었지 뭡니까?

안아달라 말할까

사랑해, 내 이 마음 말할까

내가 싫다 하심 어떡해

너무 다정하게 안아주심 어떡해

유정한 사람들은 원래 남을 잘 아프게 해

겨울이야. 빛도 얼까? 주황색 터널 사이로 얼어있는 방사 모양의 빛을 상상하면 마냥 낭만적인 일만은 아닌 것 같아. 통행을 방해하게 될 테니까. 만약 얼어버린 빛의 한 조각을 가질 수 있으면 나는 그걸로 나쁜 짓은 하지 않을 거야. 생각해 보니 빛이 얼거나 녹아서 이리저리 만질 수 있는 존재였다면 지금처럼 동경하지는 못했을 것 같아. 빛은 늘 거기에 있으니까 강해 보여. 아무리 원해도 닿을 수 없고 때로는 모든 것을 가진 것처럼 느껴지는 환상을 주는, 이상하고 부드러운 존재...

2021. 11. 09

꿈이 물에 젖는 거였으면
너는 추워했을 거야
고작 양초 하나만큼의 사랑으로도
지켜줘도 될까
나는 태양보다 아무것도 아니어서
너의 낮을 쓸쓸하게 만들겠지만
그래도.
더 사랑하는 내가
덜 사랑하는 너를
어느 잠 못 드는 밤에는.
그래도 될까?

2021. 11. 25

당신은 꽃을 저는 총을 겨누는

그런 엔딩이 기다리고 있을 테지요?

이 시대가 무겁다고 한들

내 사랑까지 무거워야 하는 건 아니지만.

당신을 볼 때면

제 혁명이 울 것 같아요.

I wondering star

내가 너무 철이 없나

넌 알고 있어 넌

넌 알고 있어 넌

하나쯤 있어야 한다는 거 너 같은 애들이

방에 뭘 둘까

모범과 모험

우유와 포카리

재난 영화에서 스크랩한 희망

반짝이는 건 전부 퍼 온 거

예쁜 건 전부 오려 붙인 거

넌 네가 좋아하는 꽃의 이름은 알지만

정작 널 모르고 있어

You wondering star?

가까운 곳에 있어

평생 똑바로 마주 볼 수 없는 곳에

Episode.

그냥 저라는 사람의 특징을 한 번 나열해
봤어요. 나이 먹고도 별과 밤하늘이 궁금
하고, 도무지 닿을 수 없어서 슬프고, 친
구들이 삶을 개척해 나가는 동안 틀어박혀
책과 영화 속에 번지 하듯 빠져 살고... 어
떻게 해도 나의 예쁨을 모르고. 그리고 그
런 사람이 또 있다면 제가 무슨 말을 해
주고 싶은 지도요. 네가 닿고 싶어 하는
아름다운 별들은 바로 거울 속에, 네가 평
생 똑바로 마주 볼 수 없는 너 자신이라는
말을 최대한 달고 연하게 써 봤습니다. 저
와 동류의 사람이라면 분명 너무 과하게
좋은 말들은 예의상으로 넘길 거예요.

꿈속에서 우린 사랑을 해요
이건 세상에 없는 재난 영화
어둠이 아니라 까만색 손수건이에요
겁은 먹지 말아요
아름다운 밤을 낙서 중이에요

2022. 03. 06

외딴 별에서 눈물

나는 외계인 분명

아니라면 안 돼 말

내가 이렇게 외톨인 게

행동이 서툰 게

대답 못 하는 게 I'm So Sorry

다른 별이기 때문에

나는 슬프면 울 거야

괴로워도 울 거야

왜냐면 나는 들장미 말고

물망초 소녀

나는 물망초 소녀

파란 머리에 젖은 말투

해를 싫어하는 꽃도 있나?

난 특별한 거 같애

나의 장르는 밤의 댄스

내가 너무 까매서

사람들 눈엔 안 보이나 봐?

잘 지내

네가 떠난 줄 몰랐어

서울에서는 다시 볼 수 없겠지

한때 사랑이 사치라고 생각했었어

내 초라한 인생에서 가질 수 있는

가장 값비싼 보석인 줄도 모르고

너의 웃는 얼굴은 잘 모르겠어

늘 나에게만 무뚝뚝해 서운했었어

내가 잊었어 세상에는 사랑이 그토록 어려워

눈이 내리는 간이역

뒤 한 번 돌아보는 게

전부인 사람도 있다는 걸...

사랑은 타이밍

사랑은 타이밍

보낼 수 없는 편지의 낭만을 빌려

저 먼 하늘 끝까지 닿을 수 있다면...

별을 따줄 수 없어서

피터팬의 멈춘 시간을 가져왔어

멈춘 시간 속에서는

눈을 감아도 떠도 똑같네

이래서 시간은 흘러가도록

만들어진 걸까

우리에게 아침과 밤의

눈부심을 보여주려고

이런 하늘을 보고도

사람들이 세상을

진짜라고 믿을 수 있다니

어쩌면 시간을 멈추는 것보다

우리에겐 더 큰 기적이

2022. 05. 02

사랑이 민들레면 난 할 말이 너무 많아
다 지고도 예쁨 받는 꽃이 또 있을까
다 지면 또 날아갈 곳이 있는 게
얼마나 기쁜 안녕이야
파랑 하늘 같은 그대 품을 떠나
향기 가득한 꽃에는 벌이
하늘 같은 그대에게는 도시의 별이
내 마음은 홀씨만 남은 민들레처럼
언제든지 아름답게 날아갈 준비가 되어있어

2022. 05. 15

빛이 사람을 사랑할 리 없지

하지만 내가 가로등이면

너를 사랑할 것도 같아.

조막만 한 등에 무수한 짐들을 업고도

두 눈을 빛내며 털레털레 걷는 어린 너를

이 무대의 주인공으로 만들어줄게

언젠가 홀홀 떠나는 너의 뒤에서

일렁일렁 손을 흔들 거야

잘 살아

너의 아름다운 꿈을 늘 응원했어.

Episode.

독립 영화 시나리오를 써보고 싶다고 생각했어요. 집은 아주 꼭대기 골목이고, 학교도 제대로 안 가고 손이 부르트도록 아르바이트를 하는 주인공이 어느 날 TV에서 우연히 본 발레 공연에 매료된 거예요. 무용수를 꿈꾸게 된 거죠. 아무도 없는 길목을 따라 집으로 올라가면서 어설픈 발롱, 브리제... 발레 동작들을 따라 하는 주인공에겐 그 길목이 유일한 무대가 되고. 그리고 또 한편에선 다른 이야기가 시작돼요. 가로등을 켜는 공무원의 이야기요. 제가 듣기로는 요즘은 기계가 켠다고 하던데. 영화적 허용으로 봐달라고 해도 되나요? 매일같이 열리는 주인공의 발레 무대를 구경하다 사랑하게 되어, 주인공이 올 때까진 골목길에 불 하나 켜지 않다가 무대의 핀 조명처럼 가로등을 하나하나 켜주는 공무원의 이야기를 보고 싶었어요. 주인공은 모르고 멀리서 가로등을 켜는 공무원만 그 빛을 알아요.

세상의 모든 이치가 빛에 달라붙는 습성을 가졌다면

아마도 아주 무거운 삶을 살았을 그 애

하지만 세상의 이치가 늘 그렇듯

빛을 내는 이들에게만 이리도 잔혹하여

아주 조그만 삶을 살았던 그 애

희미한 얼굴로 콧잔등을 찡그리고

나를 풍경처럼 만드는 그 애

연필을 놓고 그저 바라보게 되는

그렇지만

필멸의 아름다움을

가진 그 애.

종종 뚜렷한 슬픔을 가지고 거리를 걷던

반짝이는 물결 같은 그 애

겨울에도 춥지 않은 씩씩한 그 애

작은 창문으로 흘러넘치는 햇빛의 한 덩어리를

억지로 퍼먹던

내게 지울 수 없는 열상을 남겼던

사랑하는 그 애

2022. 07. 14

빗속에서도 젖지 않고 춤추는 법을

연두색은 누가 움큼 쥐고 간 여름인지도

그는 모두 알고 있을 거야

훔친 첫사랑이

잎사귀 사이로 사라진다

잘 자

이전에 내가 줬던 빛들은 모두 잊고

너무 외로워

축축해진 마음은 아무 발자국을 간직하네

나도 진주를 품을 수 있어?

하지만 어떻게 그런 짓을 할 수 있겠어

내가 너에게 줄 수 있는 건 자유로움뿐이야

만약 그래도 우리가 껴안는다면

말해주면 좋겠어

사랑해

너무 따뜻해

나의 맑은 백일몽

2022. 07. 23 -1

내 사랑은 늘 물음표야

궁금증을 돌려주는 사람이면 좋겠어

난 기다리는 거 잘해!

잘한다는 게 좋아한다는 뜻은 아니지만

변하지 않는 것도 있다는 걸 보여줄게

사랑을 믿는 게 아니라

너를 믿는 거야.

2022. 07. 23 -2

어른들이 청춘을 팔딱팔딱 뛴다고
그래서 좋은 때라고 하지만
나는 아니야.
공중에 민들레 홀씨가
아주아주 많다고 생각해 봐.
친구들이 너만 빼고 팔딱팔딱
뛰고 있다고 생각해 봐.
머리카락이 햇빛에 찰랑찰랑
밤의 착지마저 가리는
그 비늘 같은 날것의 빛...

2022. 07. 23 -3

사랑을 기다리는 건 너무 슬픈 일이야.

그래도 난 너를 사랑해. 이상하지?

이렇게 좋아하는데 평생 닿을 수 없는 게

너무 이상해.

2022. 08. 06

빈 공책의 하얀 슬픔.

세월은 그 자리에 햇빛을 작성했다.

Episode.

제가 오랜만에 본가에 가서 책장을 뒤지는데, 제가 어릴 때 사 놓기만 하고 아무것도 안 쓴 공책들이 너무 많은 거예요. 책장에 끼워 뒀으니 관리가 됐을 리도 만무하고 속지 색이 다 누렇게 변했더라고요. '마지막 춤을 나와 함께'에서는 투박한 은행 달력으로 태어난 종이들을 위로하고 싶어 안달했는데, 정작 저는 제 종이들에게 글자 한 자 안 준 게 참 어이도 없고 미안했습니다. 그때 문득 든 생각을 쓴 거예요. 너희는 누레진 게 아니고 볕이 든 공책이야. 지금 보니 참 잘 쓴 핑계라 낯이 뜨거워집니다.

2023. 01. 18

난 밤이 좋아

괴물도 그림자는 아름답네

예쁘려고 했던 세월이

가로등 아래 춤을 추네

새벽 동이 트네

마중 나온 푸른 미래

어제의 끝을 알리는 새파랑 커튼콜

모두들 참 다정해라

아침 새벽 저녁 오늘
하루를 부르는 이름이 이렇게 많아?
그럼 내일을 싫어하는
아침이 무서운
나의 이름은 무엇인데?
새벽 동이 트네
다들 씻으며 하루를 시작하나
나의 내일도 비누로 만들었지
비가 오면 반짝, 신기루처럼 사라지지

사람을 안을 때는 조심해야지.

타인의 심장과 가장 가까이 닿을 수 있는

위험한 기회잖아.

고개를 갸웃거리는 나의 아가야

까만 털을 푸르르 터는 나의 아가야

네가 작아서 다행이야

손바닥 하나로도

너의 세상을 만들어줄 수 있어서.

이 쪽지를 받는 너한테만 말하는 건데.

지구는 우주가 누군가에게 하는 프러포즈 같아.

살고 있는 우리는 모르는데

저 높이 우주에서 보면

지구는 예쁨이 가득한 행성이야.

우리는 우주의 꽃다발 속 장미 한 송이고

별똥별은 우주 아이들의 불꽃놀이고

그리고...

사랑은 무수한 우주의 형태 중 하나 같고...

이건 정말 비밀인데.

넌 내가 만난 가장 까만 우주야.

내 사랑을 투명 테이프에 찍으면
알 수 없는 지문들이 한가득일 거야.
하지만 자주 사랑했다고
내 마음이 가벼워지는 건 아니잖아.
한때는 사랑했지만
지금은 날 떠난 사람들에게
내가 준 거짓은
안녕뿐이었어.

고양이 흉내를 낸다는

누명을 뒤집어써도 좋아.

그래도 누가 물어보면

난 수족관 신드롬에 걸렸다고 할래.

어항 속의 아기별 아기 천사

나의 자장가

나의 사랑 나의 맹목...

때로는

물 묻힌 손가락으로 그린 것 같은

너의 비늘까지 동경했어

너의 헤엄이 꼭

내 강물의 영역 안에만

있어야 하는 건 아니지만.

어느 밤 나는 궁금해졌지

나에게 뛰는 심장에 대해서

돌멩이도 어여뻐하는 외딴 별의 여행가

아니면 그냥 다정한 사람인가

생각할수록 슬펐지 언젠가 아침이 오면

나를 있던 자리에 돌려주고 갈 것 같아서...

나랑 같이 가볼래?

나랑 같이 걸을래

내가 너를 행복하게 해줄게.

너의 시간을 주면 내 마음을 줄게

발자국을 기억하게 된 아스팔트 같이

변하지 않고

너의 여행을 기다려줄게

눈사람이 좀 더 마네킹형에 가까웠더라면
사람들은 인권 운동을 했을지도 모른다.
집 나간 로봇 청소기를 강아지 부르듯 찾고
아무 기계에 눈코입만 달아줘도
이름을 지어줘야 하나 고민해서,
그래서 사람은
혼자서는 살 수 없는 존재인 건지도 모른다.

신이 별을 처음 만졌을 때

손바닥이 쩡 깨지더니

빛이 흐드러진 자국을

손금이라고 했대요.

당신의 둥근 끄트머리에

대롱대롱 매달려

저의 손금은 별의 배웅인지

그냥 주름의 하나인 것인지

밤새도록 생각했어요.

메마른 것들을 쓰다듬을 땐

꼭 따끔한 기분이 들었는데.

아직 살아있음을 아우성치는 빛들이

내 손바닥 틈새로 흐드러진 것 아닌가요?

난 연고를 발라야 하는 것이 아닌가요?

답장 한 번 주시겠어요

마지막 남은 초록까지 사라져가는

어느 외로운 손금의 계절에.

Episode.

이때 이상하게 정전기 때문에 손이 따끔한 일이 많았어요. 따끔거리
릴 때마다 깜짝 놀라고 또 짜증을 내다보니 문득 그런 생각이 들
더라고요. 모든 것이 죽어가고 혹은 탈피하는 이 가을이라는 계절
에, 어떤 사물들을 만져도 이렇게 따끔하다니. 그렇다면 정전기는
나는 아직 메마르지 않았다는 사물들의 구조 신호가 아닐까? 구조
가 아니면 그냥 비명이라도. 꼭 너무 오래 외로웠던 사람들과 닮
았다는 생각이요. 그들은 타인에게 무척 히스테릭하거나 지나치게
무심하지만 어떤 열상을 남기거나... 꼭 사람을 따끔하게 만들어서,
정말 정전기와 닮았다는 생각을 했습니다.

2023. 10. 14

외로움이 내 빙하의 총량

너의 손은 너무 따뜻해서

나는 나의 산산조각을 사랑해...

나는 날 평생 사랑하지 않을 거야

그런데 사랑 안 해도 되니까

한 번만 안아보자

그러면 알 수 있을 것 같은데

네 눈에 보이는 나의 예쁨을...

그것도 잘 되질 않네

왜 사랑은 꼭

물 묻은 손가락으로

유리에 쓴 글씨 같지

손바닥으로 나의 등 한가운델

만질 수 있으면 음

어쩌면 나도 나를

사랑할 수 있을 것 같은데

숲에서는 누구도 외롭지 않아

땅을 토닥이듯 떨어지는 나뭇잎

작은 소리에도 환해지는 수다쟁이 동굴들과

잎을 몽땅 먹고 깨끗한 나뭇가지를 돌려준 겨울...

햇빛을 가장 가까이서 보고 자랐으니까

일부러 다정할 필요 없이 늘 따뜻한 곳이야.

너의 눈에서 딴 것들을 정렬했을 뿐인데

은하수가 멋지다고 다들 그래

그럼 난 은하수가 고향인 최초의 비행사

늘 쫓았거든 별의 꼬리

내가 두고 온 많은 낭만들을 잊고...

너는 나의 돌아갈 곳

사랑하는 낡은 귀환지

눈동자에도 향기가 있으면

바람만 불어도 모두가 너를 사랑할 텐데.

2024. 03. 26

열매 같은 너의 글씨들을

나는 늘 질투했나 봐.

2024. 03. 29

눈 감고도 사랑해주면 안 돼?

Episode.

보인다는 건 너무 많은 걸 결정하는 것
같습니다. 머리를 묶는 것과 푸는 것, 단
정한 셔츠를 입는 것과 품이 넉넉한 반팔
티를 입는 것 정도만으로도 타인은 타인
을 알 수 있잖아요. 잘 다듬어 쓴 글들은
읽어주면 그만이고 노래는 불러주면 그만
이지만. 제가 오늘 입을 옷과 머리의 모양
새와 활짝 웃는 표정. 20대의 저를 기
억하는 팬이 노인이 된 저를 찾아온다면,
저는 손으로 그 사람의 눈을 가려 버릴
것 같습니다. 혹시라도 사랑이 변할까 봐.

2024. 05. 20

초록(草綠)의 초록(抄錄).

작은 어린 잎의 요정

너의 웃는 얼굴은 해열제

풀벌레를 쥐고 몰래 오는

아이 같은 너의

짓궂은 발걸음

난 널 이길 수 있는데

가만히 있어

Episode.

저에게 사랑한다는 건 다정하게 대해 준다
는 거고, 다정하게 대해 준다는 건 제가 그
사람에게 할 수 있는 것의 대부분을 하지
않는 거예요. 화가 나도 목소리를 높이지
않기, 힘을 쓸 수 있어도 쓰지 않기, 내가
먹고 싶거나 하고 싶은 것을 먼저 말하지
않기. 짓궂은 장난을 치려고 살금살금 다가
오는 발소리를 듣고도 그 장난이 성공할 수
있도록 자리에서 일어나지 않는 것이 제가
생각하는 다정한 사랑의 방법이에요.

2024. 06. 04 -2

햇빛을 오래 보고 나면 잔상이 생기는 것처럼,

나는 한번 사랑했던 사람을 오래도록 기억하는 나쁜 습관이 있었다.

102

사랑은 꼭 풀꽃으로 만든 반지 같아

이 푸름이 옅어져 가는 걸 느끼며

초록물이 든 나의 옷을 바라 보며...

기억해 우리의 약속을

얼핏 땅으로 끌려오는 것처럼 보이는 이 빗방울들은
인간의 힘으로는 어쩔 수 없는 오물들을 노리는 물빛 사냥개이자
놀랍도록 깨끗한 주파수의 향연이었다.

지구인들에게 숲은 초록을 가르치고 있었다.

그것이 아름답다는 것을 잊지 못하도록.

다만 어린아이가 어른이 되면 그 시절에 배웠던 많은 것들을 잊듯이,

많은 지구인들이 그것을 잊었을뿐이다.

박동하는 드넓은 초원으로부터 시작되는 모든 것들을.

2024. 09. 04

영원의 수명은 생각보다 짧다.

영원의 또 다른 이름은 삶이다.

2024. 09. 09

내가 잡을 수 있는 건 없지.

그게 나한테 잡혀주기로 마음을 먹었기 때문에

내가 잡을 수 있었던 거지.

내 의지로 잡을 수 있는 건 아무것도 없어.

바람 한 점마저도.

Episode.

사실 저는 항상 큰 생각을 하지 않고 아무렇게나 글을 쓰는 편이라, '이건 어떤 의미야?'라는 질문을 받을 때가 가장 곤란합니다. 그중에서도 답변하기 제일 곤란한 글이 이 글이었어요. 정말 혼잣말을 쓴 거였거든요. 저는 운명을 참 지독하게도 믿는데요. 능동적으로 삶을 개척해 나가는 게 두려워 운명이라는 이름에 제 인생을 맡겨 버린 거나 마찬가지입니다. 이 짤막한 글도 그런 의미였어요. 저는 무언가에 애정을 쏟고 열심히 하는 일이 두렵거든요. 그게 실패했을 때 조각날 제 마음을 주워 담는 법을 모르기에... 일종의 자기 세뇌이자 위로입니다. 내가 잡을 수 있는 건 없어. 모든 것은 타인에게 달려 있고, 나는 그냥 그런 삶의 흘러감에 몸을 맡길 거야. 내가 할 수 있는 건 없으니까. 그냥 주어진 걸 해. 그런 저의 삶에 어설픈 빛의 콘페티가 터진 적도 쓸쓸한 가로등 불이 켜진 적도 있었지만, 그 모든 것에는 다 운명이라는 이름의 타이밍과 그랬어야만 하는 이유가 있다고 생각합니다. 지금도, 또 앞으로도 그렇게 생각할 겁니다. 이런 생각은 나쁜 사건에도 그다지 감정을 동요하지 않게 만들어 오히려 오랜 친구로 느껴지기도 하는, 저의 길고 긴 호흡법입니다.

홀씨가 된 가사들

정규앨범 〈필선집〉의 초안이 된 가사 모음

새벽이 오는 걸 너는

빛에 젖는 별들이라고 말했었지

너는 세상을 아름답게 볼 수 있었지

이제 우리는 멀어지지만...

사랑하는 거 알지?

보고 싶을 것 알지?

사랑해는 고백이 아닌 약속인 거 알지

없어질 수 없는 거 알지?

홀씨가 된 '국화인간' 듣기

나는 그냥 태어난 건데

누가 나한테 넌 짝사랑이야 그러면 서러울 것 같은데

그냥 나를 생긴 대로 바라보면 되잖아

굳이 나의 의미를 찾는 거 안 해도 될 거 같아

국화의 꽃말은 그냥 그냥

국화의 꽃말은 병아리색 그냥

들풀 밑에 누운 나의 담백한 향기

내 마음을 눈치채면 한마디 해

국화였구나 늘 너에게서 나던 향기

그렇게 말하는 너의 음성은

무향 아니었어 왜 이렇게 톡 쏘는 거야

길 가는 사람의 걸음도 붙잡을 만큼...

Episode.

인터넷에 꽃말을 검색했던 기억이 나요. 예쁜 꽃말을 가진 꽃으로
글을 한 번 써보려고 했거든요. 그런데 아름다운 꽃말만 있는 건
아니더라고요. 사치, 헛된 희망, 속임, 비애... 그런 꽃말 목록을 찬
찬히 읽어보다가 생각했습니다. 모든 것들은 의미를 부여받는 순
간 세상의 모든 이치에 대해 을이 되는 것 같다고요. 그 의미 안에
만 갇혀 있어야 하는 거잖아요. 행복이라는 의미를 가진 꽃은 슬퍼
도 슬퍼할 수 없고, 외로움이라는 단어는 너무 오래 외로웠을 테
고, 그리고 사람도 마찬가지 아니겠어요? 너는 혼자 짝사랑하는
불쌍한 사람이야. 라고 정의 내려지면 그 순간부터 이 사랑이 꼭
이루어지지 않아도 괜찮은 내 마음을 누구에게도 인정받지 못할
테니까. 이건 슬픈 꽃말을 부여받은 꽃이 운명에 저항하듯, 자신의
짝사랑을 덤덤하게 고백하는 내용입니다. 노란 국화의 꽃말이 짝
사랑이거든요. 나 네가 정말정말 좋아. 그런데 별거 아냐. 내가 너
에게 딱 노란 국화 향기만큼만 기억될 수 있다면. 하고 덤덤히 고
백하는 내용이요.

2022. 10. 27

홀씨가 된 **'들꽃'** 듣기

들꽃도 아름답다고 하는데

아무도 나의 아름다움은 봐주지 않네

밟아도 끄떡없다고 하는데

밟지 않고 둘러가면 참 좋은데

민들레 홀씨 밟고 가는 이 없지 않은가

나의 싱그러움은 날 필요 없이 온 땅을 덮지

나의 이름은 상처입은 이들에게 멋진 희망을 주지

그것만으로도 나의 이 풀잎은 다시 깨끗해지지

밟아도 끄떡없다는 것은

이런 나의 다정한 마음씨를 말하는 것일까?

들꽃도 아름답다고 하는데

아무도 나의 아름다움은 봐주지 않네

음

118

Episode.

슬프게 써보려고 해도 도무지 끌려오질 않는, 반드시 자신만의 삶의 의미를 찾아 살아갈 것 같은 아이들이 있어요. 저에게는 '마지막 춤을 나와 함께' 속 달력 뒤편이 그랬고 이 글 속의 잡초가 그렇습니다. 잡초는 기껏 해야 밟아도 끄떡없다는 말밖에는 쓰이지 않잖아요. 누구도 나의 아름다움을 궁금해하지 않는 삶 속에서, 자신의 '밟아도 끄떡없음'을 위로로 베풀 수 있다는 것이야말로 제가 생각하는 잡초의 끄떡없음이고, 그 굳센 삶의 태도야말로 제가 무척이나 닮고 싶은 잡초의 다정함입니다.

홀씨가 된 '눈사람의 생각' 듣기

눈사람은 오렌지색 꿈의 독촉을 물끄러미 바라보았죠

다 녹아서 사라져도 그의 몸이 잠깐이나마 주홍색이었죠

왜, 왜, 왜 날 멋대로 이 세상에 태어나게 했는가

왜, 왜, 왜 난 따뜻한 것을 꿈으로만 꿔야 하는가

냉장고에 넣어줘 냉동실에 넣어줘

한때는 따뜻했던 저녁 식사들과

다정한 동침을 하게 해줘

모래알 대신 눈꽃이 내리는

이 세상은 하얀 모래 시계

똑똑한 눈사람도

해가 뜨면 돌아가야지

하얀 운명 속으로

바이 바이 바이

굿 바이 바이 바이

Episode.

저는 겨울을 좋아합니다. 추운 계절이 멜랑꼴리한 감정을 주어서도 있지만, 제가 겨울을 좋아하는 가장 첫 번째 이유는 눈사람에 대한 생각을 제일 많이 할 수 있는 계절이기 때문입니다. 눈사람은 어쨌든 이름에 '사람'이 들어가니까 왜인지 만들었다고 표현하기보다는 태어나게 했다는 표현이 어울린다고 생각했어요. 그런 다음에 또 생각했죠. 이 세상에 악의를 가진 눈사람이 태어나는 장면이요. 남들의 기쁜 순간을 장식하기 위해 잠깐 태어났다가, 해가 뜨면 줄줄 녹아 사라져야만 하는 자신의 기구한 운명에 대해 사색할 줄 아는 똑똑한 눈사람... 그가 가진 악의는 무색무취의 것이어서, 이 세계에 아무런 해도 끼치지 못하겠지만요. 눈사람이 바라보는 노을을 오렌지색 꿈의 독촉이라고 표현한 첫 대목을 정말 좋아해요. 눈사람을 초조하게 만드는 것이 죽음인지 삶인지 저도 아직 모르겠어요.

2023. 12. 03

안녕하십니까 잘 지냈습니다

답장은 읽었습니다

가을 불어오는 10월의 거리에서

제 생각이 나셨다구요

안녕하십니까 편지 올립니다 여전히 긴장되지만

소복소복 내리는 하얀 세월의 찰과상

외로운 마음의 이름들

제가 보낸 못난 것들로

책갈피를 꿰다니

밤의 흉터로 만든 별자리

아름다운 날들의 답장이라니...

안녕하십니까 시간이 흘러도

변하지 않는 제 마음 보고 있나요

음 사랑하니까 편지 씁니다 제 맘 전합니다

김필선입니다

홀씨가 된 **'김필선'** 듣기

홀씨가 된 **'까만 고양이'** 듣기

헤이 난 너의 슬픔을 도둑질하는 까만 고양이

가자 조금 두려워도 나의 품이라 생각해

너의 방 천장 벽지 무늬 하나까지

너에게 친절한 밤을 위해 까매졌어

사랑해 넌 자유야

바람을 가르는 소리가 꼭 폭죽 같아

친절한 이 밤이야 어둠이 아냐 까만 손수건이야

이제는 두려워 마

Episode.

저에게는 행복이라는 감정을 처음 인식한 순간이 매우 또렷한 기억으로 남아 있습니다. 어릴 때 저는 어두운 걸 정말 무서워했거든요. 그래서 매일 부모님과 같이 자다가, 어느 날은 갑자기 혼자 자보겠다고 떼를 써서 혼자 잔 적이 있는데... 아니나 다를까. 어두운 방 안에 혼자 있으려니까 너무 무서운 거예요. 벽지 무늬 하나하나가 꿈틀대는 것 같고, 책장 위에 올려둔 인형이 저를 쳐다보는 것 같고, 바람 소리가 귀신 소리 같고. 결국, 겁에 질려 한참을 버티다 몰래 부모님 방에 들어가서 자려고 불 꺼진 거실로 살금살금 걸어 나오는데 때마침 제가 혼자 잘 자고 있는지 구경하기 위해 거실로 살금살금 나오고 있었던 엄마 아빠와 딱 마주친 겁니다. 거실에서 만난 세 명은 비명을 지르고... 크크. 시트콤 같죠? 종국에는 막 웃었는데, 그 순간이 정말 행복하고 재미있다고 느꼈어요. 그 뒤로는 어두운 것도 덜 무서워하게 되었고요. 제가 어둠 속에 있어도 사랑하는 사람들이 언제든 날 구해줄 거라는 믿음이 생겨버렸기 때문이에요. 제 노래를 많은 사람에게 들려줄 수 있는 지금, 저도 이제는 어둠을 헤매고 있는 당신에게 반드시 구하러 가겠다는 믿음을 주고 싶은 어른이 되었습니다. 저를 믿어보세요. 제 손을 잡아보세요. 당신을 위해 별을 낙서한 까만 손수건이에요.

너의 웃는 얼굴은 모르겠어요

늘 나에게만 무뚝뚝해 서운했어요

떠돌이 개가 좀 착해도 되나요?

머리를 쓰다듬으면 좋겠어

날 안 주워가면 비스듬해질 테야

그러니까 내가 더 비뚤어지기 전에 빨리 사랑해

함부로 슬플래 함부로 아플래 함부로 할퀼래 음

나의 마음 아주 바닥에서 박하 향기가 나

마지막 남은 달콤함을 빨리 가져가

너의 웃는 얼굴은 모르겠어요

날 구하는 건지 날 버리는 건지 날 사랑하는지

어쩌면 밤 거리를 떠도는 게 나을지도

밤이 사랑보다 덜 무서우니까

흐릿한 안개 같은 날 동경하나요

그러지 마 내가 날아가 버리기 전에 빨리 안아줘

함부로 슬플래 함부로 아플래 함부로 할퀼래 음

나의 마음 아주 바닥에서 박하 향기가 나

어쩌면 이번에는 정말 마지막

마지막 박하야

홀씨가 된 **'떠돌이 개'** 듣기

127

김필선 미공개 가사집

민들레 필 무렵

저자 김필선
발행인 김두영
전무 김정열
콘텐츠기획개발부 김승아
디자인기획개발부 방채윤
제작 유정근
마케팅기획개발부 이천희, 이두리, 신찬
경영지원개발부 윤순호, 권지현, 한재현

발행일 2024년 11월 25일(1판 1쇄)
발행처 삼호ETM (http://www.samhomusic.com)
　　　　　경기도 파주시 문발로 175
　　　　　마케팅기획개발부　전화 1577-3588　　　팩스 (031) 955-3599
　　　　　콘텐츠기획개발부　전화 (031) 955-3589　팩스 (031) 955-3598
등　록 2009년 2월 12일 제 321-2009-00027호

ISBN 978-89-6721-551-4